AF498199

CHEF-D'ŒUVRE DU SIÈCLE,

PAR L'HOMME DE FOUGÈRES.

Donner une idée de moi au peuple de Paris est le premier de mes devoirs.

Jusqu'en 1840, ou avant cette époque, je n'eus de la vie que la sensation; mais en 1840, l'écho de mon âme commença à se faire entendre, et je puis vous assurer, peuple français, sur tous les éléments de ma vie, que mon intelligence, telle que je la sens, est ornée du plus grand génie de la terre.

Ma taille, ma figure, ma position corporelle sont absolument semblables à la taille, à la figure et position de l'empereur Napoléon; les yeux pleins de feu, et tout prêts à venger la patrie, sont signalés par des prunelles aussi étincelantes que ceux de celui qui gagna à la France la bataille d'Austerlitz; grand peuple français, me refuser ces titres, c'est me mener à trois pas de l'échafaud! c'est déchirer mon âme et ma vie, et attester la bassesse de son origine en niant la substance qui m'a donné la vie dans la composition de l'âme et du corps.

Le dimanche des Rameaux de l'an 1840 me donna un génie si vigoureux, qu'en l'espace de vingt jours je parlai avec une profondeur d'intelligence et une voix tellement retentissante, que jamais sur la terre la grandeur et l'éclat de l'âme de l'homme n'ont mesuré la hauteur des cieux avec une telle magnificence.

Le 14 novembre 1840 fut le jour qui me vit partir pour aller voir Paris, que j'avais quitté par la main des ennemis de la France, à la suite de Waterloo en 1815.

Le mercredi saint 1840, j'étais très satisfait de moi par la précision et l'abondance des idées magnifiques qui se succédaient dans mon cerveau, que je trouvais organisé dans un ordre dont j'avais à me louer de la nature de m'avoir fait naître tel. Mon lit était tapissé d'un côté d'une gravure représentant la bataille d'Austerlitz, au milieu de laquelle était peint le portrait de Napoléon; j'examine tous les portraits de la gravure, et je fixais principalement mon attention au milieu, sur celui de Napoléon, dont je conclus infailliblement qu'il est parfaitement semblable au mien. Je sus à l'instant même qui est mon père, et ce jour là même les batteries de l'Europe contre la France furent renversées; tous ceux qui n'ont pas voulu ou pu en venir à cette solution peuvent s'attendre à voir repousser de ma part leur réfutation; serait-ce la moitié du monde, je lui prouverais son incapacité devant moi.

Ce fut dans ce jour que je distinguai tous les dangers qui me menaçaient au village de Courteille (près Fougères, Ile-et-Vilaine), pays que je résolus de quitter à l'instant même. Je finis par m'échapper de ce village malgré les gardes qui veillaient sur mon agilité extrême, tremblants que je n'allasse prendre à la course, avec trop d'épouvante, le coq de 1830, qui pourrait rappeler Mercure, le dieu des voleurs (Mythologie).

Le meredi saint 1840, mit mon sang en révolution, semblable à un fleuve majestueux dont l'onde souveraine, poussée par une force majeure, renverse les digues qui la contiennent dans son lit, franchit toutes les limites qui l'arrêtaient, et dont l'écho des vagues mugissantes retentit jusqu'aux astres : tel Napoléon II, le mercredi saint de 1840, a dompté ses bourreaux en culbutant celui qui lui avait mis la main à la vie, en changeant son nom propre; ainsi fut battue la tyrannie l'an 1840, le mercredi saint, par un seul homme, qui est Napoléon II, qui fut conduit de Paris à Courteille, près Fougères, dans un âge où l'on ne connaît pour se rappeler ni son père, ni sa mère, ni soi-même. Maintenant, Français que le temps a tout changé, et la révolution de février 1848, qui doit promettre à chacun d'être soi-même : examinez, peuple français, la taille, les traits de la personne, le caractère et le génie, vous conviendrez qu'il est honorable de prouver qu'on a de l'intelligence, en prévoyant le vrai par les signes démonstratifs de la physionomiie et de la nature des facultés de l'âme, soyez assez pénétrants pour savoir qu'il est des occasions dans lesquelles, moi, Napoléon II, je suis obligé de me servir du faux nom que l'on m'a donné pour me détruire (les Anglais), s'il en avait été autrement, si j'avais toujours possédé l'intelligence de mon nom, les Français n'auraient pas perdu la bataille Waterloo. Vous, qui que vous soyez, qui le voyez sous les faux traits de sa figure.

Sérieusement, vous l'appelez Pommereuil, vous lui faites une injure.

Pvris, ce 28 août 1848.

Peuple français, je vais vous citer l'histoire de moi, mais je vous prie de croire que c'est uniquement pour la généralité des Français que je vous parle de moi, dont l'origine n'est pas ordinaire; il n'y a en moi que cela de remarquable; effectivement, on ne voit pas tous les jours un empereur dompter et forcer toutes les nations de l'Europe à contribuer à la France, et même à suppléer à la mauvaise réussite de son mariage, dont l'espoir pour la France se perdait à jamais dans les temps futurs; l'événement que je présente aujourd'hui aux Français est un contre-coup qui apprendra à ceux des partisans de la royauté qui, à Waterloo, témoins et héritiers de la chûte de l'Empire, croyaient le ciel dans leur faveur, qui ne doit pas favoriser mon père dont le mariage tomba avec la stérilité qui tyrannise la société de l'homme et de la femme; les chouans de Paris, comme d'ailleurs, voyant le règne de l'Empire expiré à Waterloo, auront attribué sa chute à au divorce de mon père; et moi relégué et ensuite empoisonné par Pommereuil, chez qui les Anglais me firent transporter à la suite du désastreux Waterloo.

1840, qui me vit ressusciter comme un dieu, voilà ce que j'appelle un contre-coup politique contre les chouans, qui se croient les favorisés de l'Éternel, le créateur de toutes choses ; le mot Pommereuil, appliqué à moi, est comme la devise d'un chouan poussé à l'extrémité, qui ne voit son salut que sous le manteau de l'hypocrisie.

Le mercredi saint 1840, jour où les destins avaient résolu que j'aurai l'âme élevée à un tel point, que je saurais qui est mon père ; dès que j'eus porté un jugement infaillible de l'état de ma naissance, vérifié sur une gravure de la bataille d'Austerlitz, où est peinte la ressemblance de Napoléon mon père, je compris que j'étais prisonnier de l'Angleterre, que je vis trop favorisée d'avoir ainsi un coup d'épée sur la France ; ce fut à ce moment que je vis dans Pommereuil un monstre capable de tout faire pour l'argent ; je ne vis plus d'autres règles à observer, quant à l'honneur, que d'entrer dans les dispositions des Français à Waterloo, faire des étrangers un carnage énorme, vaincre ou mourir ; si j'avais eu sabre, j'allais sabrer Pommereuil, puisque les escadrons de la divinité m'avaient fait le prendre d'assaut ; j'allais profiter de ma victoire, l'ayant considéré aussi monstrueux qu'il était et que sa mémoire sera toujours, je résolus d'aller l'annoncer au monde, pénétré que c'était un ennemi d'un genre tout-à-fait lâche de martyriser un enfant en lui faisant perdre le nom de son père, genre d'empoisonnement qui devait conduire cet enfant ou Napoléon II au cercueil. Le mercredi de la semaine sainte, me voyant élevé jusqu'à la connaissance de moi-même, me ressouvenant avoir entendu dire à la c... de Pommereuil que le fils de Napoléon n'échapperait jamais à l'empoisonnement dont on l'avait surchargé ; je voyais ces brigands de chouans témoigner leur satisfaction sur ce grand malheur de la France par des rires et des paroles où ils donnaient à entendre que la possession de ce trophée trop fameux leur était assurée pour toujours.

Ce fut le mercredi de la semaine sainte que le langage de ces brigands dut changer, en voyant la Divinité qui entraînait à elle l'âme de l'orphelin de la France, qui avait été tyrannisé pendant vingt-neuf ans dans les fers de l'inhumaine Angleterre, à qui Pommereuil, fulminé par la résurrection du martyr, avait vendu sa patrie, en signant ainsi son nom à l'Angleterre et s'y donnant comme au Diable : Pomme-d'Angleterre ; la dernière syllabe de son nom, qui est reuil, on peut la définir : re, abréviation de règne ; de là allant à son opinion, on ne sera pas longtemps à reconnaître que ce monstre de Pommereuil, le serpent de l'Eucharistie, en empoisonnant Napoléon II, a porté à la France et au parti démocratique le plus terrible coup qui fût jamais, parce qu'il a perdu les vingt-neuf premières années de cet honorable citoyen Napoléon II.

Le re de Pommereuil, pris comme abréviation de règne ne peut s'interpréter qu'en faveur des Bourbons, puisqu'il est le m........ de Napoléon II, qui, il est vrai, n'est pas mort, mais grâce au Ciel dans l'événement de 1840, et Pommereuil sera toujours considéré comme le m........ ou l... ... de Napoléon II.

Que le coq de Versailles s'instruise sur ce.....

Pour savoir comment il doit agir sur le nom Pommereuil, ou avec le porteur de ce nom, dans quelles circonstances il peut atteindre la liberté de quelqu'un porteur du nom Pommereuil en faux, être assez sot ou trop aristocrate que de ne pas savoir que quelqu'un peut porter le coup, peut porter le nom d'un autre, sans qu'il n'y ait nullement de sa faute. (Arrivée de la malle, à Paris, de celle qui a été donnée à la connaissance du peuple sous la feinte d'un faux, le 27 juin, à Versailles 1848.)

Le mercredi de la semaine sainte, après que le médecin m'eut fait une saignée, l'âme s'éclaircit au point de se voir elle-même. Pendant le peu de temps que le médecin fut présent, je lui fis entendre, par des signes dirigés sur la gravure de la bataille d'Austerlitz, que j'entendais dès lors pourquoi cette maison de Courteille avait été depuis 1815 l'écho du nom Napoléon, journellement répété; le médecin en sourit, Pommereuil l'enragé, se jette sur la gravure de la bataille d'Austerlitz et la déchire, comme pour attester l'énigme de mon nom déchiffré; environ une heure après, moi, le Napoléon au titre Rome, considérant Pommereuil comme le monstre forgé par l'Angleterre pour dissoudre peu à peu ma vie par la masse pesante de son nom, et de toutes les circonstances qu'il entraîne contre un enfant pris captif à la guerre; considérant, ce monstre de chouan qui en voulait tellement à ma vie qu'il assiégeait tous les jours par les insultes les plus affreuses, c'était un monstre glissé dans l'âme de l'orphelin de la France; il répétait toujours tout ce qui atteint le plus vivement la sensibilité et l'honneur, se disant ainsi: en battant la mine dans cette tête, jusqu'alors indissoluble, je finirai par la faire sauter.

> Triste tombeau de la tyrannie,
>
> Dans son sang, son âme s'éteindra avec sa vie,

Le jour cité, mercredi de la semaine sainte 1840, le canal de la divinité coulait dans les organes de mon intelligence, avait, par ce mystère, presque incompréhensible, allumé le flambeau de la divinité dans mon âme, dont la lumière s'étendait jusqu'à Sainte-Hélène où je voyais une colonne antique et paternelle dont le souffle prolongé en moi devait se continuer et se manifester par des soupirs pour la nation française.

Le mercredi de la semaine sainte 1840, à la suite de la connaissance de moi-même, et après un retour de mémoire sur mon âge, et un examen sur mes droits civiques atteints dans l'intégrité de mon être personnel, et moi, le Napoléon-Rome, tout-à-fait déprécié aux yeux de ceux qui connaissaient les mauvais traitements du scélérat de Pommereuil; les gens de la campagne, la plupart peu pénétrants, disaient : puisque Pommereuil. que nous croyons son père, le méprise publiquement, nous pouvons aussi, nous, le considérer comme une masse très lourde et stupide et de nulle conséquence.

Toujours le même jour mercredi saint, moi, le Napoléon-Rome, je lançai un décret en forme de bulle fulminante sur Pommereuil pour le forcer de me restituer à la France, de me dénoncer l'appareil du cortége qui me conduisit chez lui en 1815; il fallait qu'il avouât si parmi le nombre de cette correspondance de l'Angleterre à Courteille, s'il y en avait qui auraient revêtu des masques de théâtres armés de cornes, se disant parents de Lucifer, pour mettre Pommereuil sur la voie de son empoisonnement dont le but était d'en imposer au monde, en présentant à ce grand chef de la société politique d'un État, le Napoléon enregistré sous un nom supposé, moi, Napoléon (François-Charles-Joseph), né à Paris, le 20 mars 1811, le mercredi de la semaine sainte de l'année 1840. Pénétré des malheurs de la France, qui avaient entraîné mon père à Sainte-Hélène, moi à Courteille où je voyais mes jours menacés, et à la merci du maudit Pommereuil, que je comparais à un autre brigand chez qui des voyageurs demanderaient l'hospitalité en payant, la nuit, seraient égorgés par Pommereuil pour s'enrichir de leurs dépouilles; moi assis dans mon lit et pénétré de telles dispositions que Pommereuil est un meurtrier dont le nom doit me faire périr; je ne pris pas le temps de prendre mon pantalon, je partis de la maison de Courteille, épouvanté et étonné de vivre encore; Pommereuil voulut m'empêcher de sortir de la maison, je le pris à la gorge, je le fis noircir et tirer la langue, en lui disant: tu n'as jamais été mon père, brigand de chouan.

Je partis du village, en chemise, pour aller à Fougères, apprendre mon histoire à cette ville, que j'avais apprise moi-même dans la journée.

Au sortir de la maison de Courteille, on pose les pieds sur le sol que l'on a disposé pour battre le grain ; en partant, je descendis cette aire au bas de laquelle est un chemin qui conduit dans le champ du bois de la ferme de Courteille ; je descendis cette pièce de terre pour passer dans le closier de la ferme d'Angenard du village de Préau, ensuite, je sautais dans le verger, pièce de terre du village de Préau, de la ferme de Touche-Feu, de là, dans ses prairies, de celles-ci, dans celles du village de la Gârie, enfin j'arrivai dans la lande de ce nom, pièce de terre assez spacieuse pour ranger une armée en bataille. Quand je fus parti de Courteille, on fut avertir les villages environnants, prier les habitants de courir le cerf qui se dirigeait sur Fougères, sautant les haies, traversant les prairies et rivières.

Taligot, domestique au village de Veau, près Courteille, à l'époque (Taligot était à Veau à l'époque), me joignit dans la lande de la Gârie, et me dit : où allez-vous comme cela, Julien, nu-pieds, en chemise et tout sanglant par la saignée de votre bras qui s'est ouverte ? Je lui fis entendre ma voix que l'élément divin avait rendue aussi éclatante que le tonnerre : tu n'est pas philosophe, tu ne vois pas que je suis dans la possession des événements qui me transporte malgré moi en la présence du public pour le rendre témoin de ce grand événement qui se rapproche fort de ces paroles de l'évangile : Le démon terrassé par la vertu ou Pommereuil par Napoléon de Rome ; Taligot s'en retourna en tremblant.

De la lande de la Gârie, je passai dans les prés Févriers du village de Préau, ensuite dans la prairie de Blanchet, du village de Loisil, de laquelle je sautai la rivière où à peine un cerf de nos forêts de France, aurait pu sauter la même dimension ; après avoir parcouru quelques prairies du village de Loisil, j'arrivai en face du village de la Chaudonnerai ; l'événement me fit prendre la direction de ce village, j'avais une rivière à sauter ou à pêcher ; à cette fois je sautai dans le milieu de la rivière, mais à peine mes pieds touchèrent-ils au fonds de la rivière que je ressautai tout-à-coup du fonds dans la prairie, environ six pieds de hauteur ; je m'enlevai perpendiculairement aussi vite qu'un oiseau ; j'arrivai aussitôt après au village de la Chaudonnerai où je vis Lodé, fermier dans ce village ; je lui annonçai mon histoire d'une voix foudroyante ; je lui dis que lui et le monde entier il fallait se détromper dans la supposition du nom de Pommereuil, que l'on m'attribue faussement ; je lui dis qu'il était temps de secouer ce préjugé très-dangereux à la France puisqu'il détruisait le nom du fils de celui qui l'a illustrée.

Les braves gens du village de la Chaudonnerai me firent l'honneur de me conduire à un hôtel près dudit village ; cet hôtel est un petit logis sur la route de Fougères, à trois quarts de lieue de cette ville ; là, je me reposai de ma campagne ; l'hôte est un nommé Buffet, qui a été courrier à Paris, l'espace de 10 ans ; il habitait place Nationale, Hôtel de M. Belanger, N. 9.

Le quatorze novembre 1840, avec la somme de cent francs, je partis pour voir Paris. M. Buffet m'avait dit qu'il était dangereux d'habiter Paris, pour quiconque ne le connaissait pas ; je me laissai pénétrer de cette expression ; pour ma sûreté je fus habiter Saint-Denis, chez Monsieur Fiaux, de Fougères, un de mes compagnons d'écriture, marchand de vin à l'époque, à l'enseigne du Petit Chapeau, rue de Paris.

Un jour, de Saint-Denis venu à Paris, sur la place de l'Hôtel-de-Ville, une femme m'examina, s'exprima par une exclamation conçue en ces termes : c'est un dieu que cet homme ! c'est un dieu !

J'étais à l'hôtel de Perpignan, auprès de la place de l'Hôtel-de-Ville.

La somme de cent francs bien économisée, je pus passer environ un mois au pays , un peu avant Noël 1840; je partis de Saint-Denis, près Paris, pour la campagne de Fougères où je restai quatorze mois, pendant lesquels j'allais de temps en temps à Laval acheter des livres, rue Renaise, maison de Monsieur Grandpré où j'admirais sa nièce Marie : ce prénom me faisait penser à Marie-Louise, ma mère, dont la destinée si malheureuse !.....

Le treize août 1840, Pommereuil aidé de son maudit fils, dont la figure représente tous les crimes, ils me conseillèrent de faire le voyage de Rennes, moi qui n'ai peur, je consentis facilement, attiré par l'appât des bons mets et quelques pièces d'argent, essentiel dont je manquais à l'époque; je trouvais l'occasion bonne, le brigand de chouan avait, sur moi, pour me la faire payer, son nom tourné en faux. A quelques lieues de Rennes est une forêt du nom de cette ville; le temps du départ de Fougères étant calculé, afin que arrivé, lui, le fils de Pommereuil, aussi coquin que tous les diables, en face de la forêt, à l'heure de la grosse brune , il pût donner le signal à ses brigands; il donna un coup de sifflet au moment que je passais la route qui traverse la forêt de Rennes; à l'instant même, d'affreux brigands sortent de la forêt, me forcent de quitter la grande route, me placèrent à califourchon , comme à cheval sur les ailes d'un moulin à vent qui est près de la forêt de Rennes; heureusement qu'il ne tournait pas ; onze brigands montèrent la garde auprès de cette tour et m'empêchèrent de m'échapper du piège colossal; le Pommereuil dont le mangeant imite la forme d'un groin de cochon, son physique est aussi monstrueux que ses procédés , il est tellement monstrueux qu'on devait lui refuser le baptême.

Ce faux va à Rennes, au préfet, lui annonce que quelqu'un de sa famille s'avise de faire des actes contraires au bon sens; lui à l'époque, domicilié à Laval, averti par son père qu'un individu de sa famille , dont-il rougit d'exprimer le degré de parenté, est frappé d'une maladie qui le fait déraisonner.

Ce Pommereuil arrive de Laval à Fougères pour enchaîner Julien au moyen de ce faux.

Julien rencontra à Fougères , Pommereuil le père et le fils, deux signalées c...... Le Julien avait formé le projet d'aller à Rennes, ses deux infâmes hourreaux le guettaient pour exécuter sur lui un guet-apens; Julien partit pour Rennes le premier, à pied; le brigand de Pommereuil, tant le père que le fils, enrageait de voir Julien se reconnaître, savoir qui il était, et bien pénétré que Jean-Julien Pommereuil n'était ni son nom , ni ses prénoms, voyant bien que ce n'est autre chose qu'un coup que son ennemi veut lui porter pour le tuer, le reconnut, va à Rennes pour se fêter lui-même; très satisfait de se connaître et disposé à jouir de ce bonheur, lorsque Pommereuil le fils prend la voiture afin d'arriver le premier; arrivé, il va au préfet, lui annonce qu'il est possesseur des secrets de la France , le convaint qu'il a des titres qui annoncent la réparition de l'Aigle de Waterloo. Il n'y a pas à en douter, le feu du Ciel est tombé dans l'urne inévitable à l'instant où le magistrat prononçait le faux nom pour faire tirer au sort celui dont la privation de son nom le mettait dans un état de mort au monde; comme il faisait le mouvement d'aller le bras dans l'urne pour tirer un numéro, le Ciel plus prompt que le bras en mouvement, fit tomber le tonnerre sur la toiture de l'Hôtel-de-Ville de Fougères qui, en globe de feu, se fit un passage à travers la charpente jusque dans l'urne que le feu du Ciel brûla, pour venger un nom sacré que profanait une autorité qui ne subsistait que par ce faux abhorré de la divinité; va donc, maudite royauté, *in gurjite tremere profundum eternitatis.*

Contraindre son ennemi à se servir d'un nom qui n'est point le sien , est pousser l'inimitié à un tel point que c'est usurper les droits de Dieu sur l'homme qu'il a créé avec une âme qui est en soi quelque chose de Dieu; attribuer le nom Pommereuil à Napoléon, c'est vouloir forger l'âme d'un démon dans un corps d'ange, c'est un sacrilège que l'esprit voit assiéger la substance originaire reproductive de l'être sous la sauvegarde des dieux protecteurs des générations.

Pour finir l'allégorie de mon nom propre dans laquelle l'Éternel conservait ma vie: c'était l'an 1840 que le feu du Ciel tomba en tonnant dans l'urne des conscrits de mon année, de laquelle on recueillit les débris mystérieux auxquels le Ciel donna la puissance de...... Après avoir placé dessus, sous la portée des rayons du soleil, des lingots de cire fondante, que la propriété du soleil façonna moelleusement à la porte du jour où l'on voyait la matière fondue de manière à former toutes les lettres Napoléon, em. — Voilà la devise du caractère national de la France; quiconque voudra donner d'autres couleurs comme vraies, verra dans les Français, des combattants qui savent quelle main peut solidement soutenir la patrie.

Ce fut après mon voyage de Paris, du 14 novembre 1840, qui dura jnsqu'à Noël du mois suivant, mon séjour, l'aller et le venir tout compris, que j'acquis une conduite et une aptitude à l'étude, qui dans le premier cas (la conduite) ôtait toute prise sur moi, à la famille du b.... de Pommereuil et à lui-même, le président de l'assemblée des imbéciles, dans le second (aptitude à l'étude), j'acquis une élévation d'esprit qui me place hors de portée des embûches qu'aurait pu me dresser le b..... de chouan; enfin, mon premier voyage à Paris, monta sur les cordons du bourreau de l'Angleterre; Pommereuil, à mon second voyage, il ne lui fut plus possible de me parler, tellement l'air de Paris qui ma fait naître est puissant, à son retour dans mes poumons, il rétablit l'édifice de la vie qui avait été aux prises avec le poison de l'Angleterre depuis 1815 jusqu'en 1840. Je respire à Paris, Pommereuil est un insecte impuissant contre ma vie; étais-je pour lui la roue de la fortune? elle s'est brisée contre lui dans la révolution de février 1848; lui opposer la République, c'est le mettre sur son faible cet ennemi de l'Aigle.

De Paris, à la fin de 1840, je m'enretournais à la campagne, près Fougères, où je restais treize mois et demi en attendant le décès de l'Anglais Pommereuil, pour hériter, par les droits de la guerre, d'un fonds consistant en terre, et ensuite de sa camisole de fou que je pourrai plus tard vendre au Coq de Versailles. encore infatué des insignes de la royauté déchue en février, n'ayant de la République que la superficie, *utinam*, plût à Dieu que l'événement permette au plutôt que j'apprenne à un magistrat, supposons d'une capacité ordinaire, les conséquences de la France, je le contraindrais de reconnaître sa faiblesse d'esprit et son impuissance dans l'action d'approfondir un immense public dont le cours est d'autant plus fort que les crises de la patrie sont plus violentes ou sanglantes.

Les treize mois et demi de mon habitation à la campagne, expirés avant Pommereuil, qui ne mourut que dix mois après, le 17 novembre 1843, je retournais habiter, pour cinq ou six mois, à l'hôtel de Monsieur Buffet, d'où je partais, le 14 novembre 1840, pour Paris.

A mon arrivée chez Monsieur Buffet, il me dit que j'avais les cheveux faits à la manière des Saint-Simoniens; le domicile s'établit en lançant quelques paroles où se peignaient une grande joie de revoir celui qui annonce pour la France la plus grande espérance; environ six mois se passèrent sur ce nouveau domicile que je vins nouer sur les traces de mon ancien que j'avais établi dans la meilleure disposition martiale qui ait animé un sang foudroyant.

Dans la plus belle saison de l'année 1843, j'annonçai à Monsieur Buffet, l'ennui qui m'était survenu dans l'habitation de son hôtel ; je me déterminai à changer de domicile, je le payai et partis sur la route de Paris, que je suivis jusqu'au bourg de Fleurigné où j'établis un nouveau domicile pour l'espace de six mois, chez un nommé Triel, bon forgeron en parti populaire ; ce fut dans ce domicile que l'heureuse nouvelle me vint d'un héritage tombé dans ma possession, par la mort d'un quiproquo, alors plus riche, je songeais à aller habiter Paris; mais à cette époque, les autorités des campagnes environnantes de Fougères, et celles de Fougères encore plus, avaient l'opinion de chouan jusque dans le blanc des dents; il fallait nécessairement les serres de la République apposées dessus, pour faire paraître la couleur qui garantit tous les droits politiques d'une nation contre les tentatives des usurpateurs de ce qui touche de près à la vie, les subsistances nécessaires à un peuple, que la dent tyrannique de la royauté voulait dévorer dans ses repaires ténébieux.

Environ six mois s'écoulèrent sur mon domicile de Fleurigné, au bout desquels je résolus d'en reforger un autre; je partis de Fleurigné le jour de Noël 1843, pour la résidence d'Ernée, que je demeurai l'espace de six mois, affectant une conduite aussi infaillible que l'église catholique, ce qui me valut un passe-port pour la République.

Le 20 juin 1844, la mairie d'Ernée écrit mon désignalement sur une feuille-passe-port, pour Paris; après que tout fut écrit, on me dit : à votre tour, ratifiez votre désignalement.

J'écrivis Pommereuil, faux, dont l'Angleterre m'a fait présent; ma dernière réflexion prise, je fis mes adieux à Monsieur Michel, dans la voiture de qui je partis, en lui recommandant de tenir solidement le diable sous ses pieds, afin que ce Bourbon, par les ressorts de la fortune, n'ait pas dans le combat que je vais lui livrer, une double cuirasse, l'enragé.

Le 22 juin 1844, j'arrivais à Paris par les chemins de fer de Rouen; il était environ 10 heures du soir l'orsqu'un maître d'hôtel de la rue Saint-Lazare, vint m'offrir une chambre pour coucher; le lendemain matin il me procura quelqu'un qui me conduisit à la Porte Saint-Denis où je reconnus la structure de Paris; en venant, je n'avais pu me déterminer si j'allais, en arrivant à Paris, prendre une chambre au mois; je poursuivis ma route jusqu'à Saint-Denis, chez Madame veuve Fiaux, rue de Paris, à l'enseigne du Petit Chapeau, où je restais six semaines jusqu'au 8 août, jour où je partis pour venir habiter Paris, rue Saint-Honoré, N. 373, hôtel tenu par Madame Volmer, à qui je fis part de mon projet renfermé dans l'idée de vouloir étudier la langue latine, et de l'entendre expliquer; cette Dame écrivit à un professeur qu'elle connaît de venir chez elle; il se nomme Monsieur Lafranque qui, vint, sur l'avertissement de Madame Volmer, chez elle, monta dans mon cabinet, me demanda un prix raisonnable pour ses leçons de latin; je lui dis, expliquez, il m'enseigna le latin, à Paris, pendant dix-sept mois. La rigueur de l'hiver de 1844, occasionna une maladie à mon professeur de latin qui, originaire du midi de la France, ne peut pour cela, supporter le froid du département de la Seine; bien convaincu qu'un autre hiver ne le verra plus à Paris; il partit pour son pays sans savoir le coup qu'il avait frappé en m'instruisant, il ne me connut jamais, ni Madame Gravigné, rue de la Clef, nourrice du duc de Bordeaux, chez qui sa femme était logée; Madame Gravigné, abstraction faite de politique, n'avait pour moi que des vues de bienveillance. Quittons ce sol aride pour passer à un autre article.

Monsieur Mansel, professeur de latin, me fut indiqué par Monsieur de la Vigne, rue des Fossés-St-Victor; Monsieur Mansel, dont le caractère convient mieux au temps d'à-présent où je puis dire mon nom, s'en aperçut sur ma figure et dans mes yeux où se peignaient à son esprit nos vastes campagnes que j'ai parcourues à la chasse; enfin, mon aspect suivant lui, répond assez aux montagnes ornées de forêts; séjour chéri de l'Aigle, oiseau majestueux. Citer Monsieur Mansel dans l'histoire de Napoléon II, c'est un citoyen dont l'opinion prend pour point de départ l'honneur; opposer Monsieur Mansel à la magistrature de Versailles, dont toute la France connaît le procédé du 27 juin 1848 , c'est en venir promptement aux armes pour prouver à la cour de Versailles qu'ayant été greffée sur l'arbre de la royauté elle n'en peu produire que des fruits; on pourra de plus, lui prouver son impuissance à soutenir sa voie de fait, et lui assimiler le châtiment qu'elle s'est attiré en bravant, aux yeux de toute la France , celui du peuple qui seul peut, avec son épée, monter à l'assaut sur son ennemi, lui prouver qu'il n'est point lui, le faire tomber plat comme une punaise; tel est ma devise : peuple français, frapper l'insulte sur le champ, déployer une énergie de caractère qui entraîne dans ma cause un peuple mon frère, punir suivant la gravité du fait, celui qui aura atteint un membre de la société démocratique non par méfait, mais qui laissera percer à travers l'aveugle passion , des éléments de plaisirs qui décèlent la satisfaction d'un cœur possédé d'une opinion contraire à la présente démocratie régnante ; décret général qui enveloppera plus d'un misérable dans ses filets; tout ce qui adopte l'opinion, soit des lys ou du coq que je maudis aussi profondément, la haine que je ressens contre de tels brigands, est en moi aussi profonde que les obstacles pour les atteindre, existant entre eux et moi, la mer même ne saurait m'effrayer dans l'entreprise de déclarer la guerre aux nations qui recèlent de tels personnages, n'est à mes yeux qu'un misérable. J'ai pour la prouver cette phrase d'Ovide : Ovide à dit , en parlant des riches : *s'ils ont l'éclat du marbre ils en ont la dureté.* L'opinion du peuple en février 1848, montée dans son intelligence à un degré d'évidence aussi clair , fut assez puissante pour l'armer et le déterminer à opérer la révolution qui pourra, le Ciel étant favorable, avoir d'heureuses suites.

Dans l'espace de temps que je fus à Saint-Denis, près Paris , environ six semaines de mon habitation dans cette ville, je dus employer ce peu de temps à réparer la perte de 29 ans de temps passé dans l'inu-tilité d'une vie champêtre et sauvage; je m'adressai à la pension au haut de la place Saint-Denis; le maître de la pension montra beaucoup de complaisance dans ses paroles dont il conclut satisfaction dans l'objet de mon désir; il fit venir de suite un nommé Géros, qui se chargea de m'expliquer Virgile , Cornelius Nepos; les dix semaines écoulées, et fort ennuié d'ailleurs à Saint-Denis, je résolus de m'en aller à Paris, où quelque temps après, Monsieur Géros vint s'établir dans une maison de commerce et m'enseigna, pour continuer mon entreprise, une pension, à Paris, rue Madame, N. 30, tenue par Mon-sieur Lespinasse, dont l'associé, Monsieur Lambert, démontre parfaitement la langue latine seulement; mais s'il faut revenir au fait politique, il me parut ne s'être nullement aperçu qu'il y eût sous mon costume peu flatteur; un sang qui a fait trembler l'Europe. Une fois, je donnai à entendre que ce n'est pas mon nom , sans le dire positivement; on me vit comme succomber sous le poids de ce fatal instrument, comme Jésus-Christ a succombé sous le poids de sa croix , et cependant sera éternellement Jésus-Christ le fort, Jésus-Christ le victorieux , Jésus-Christ le rédempteur du monde; Monsieur le citoyen de la latinité ne put comprendre quel breuvage contre moi on avait inventé, il est vrai , d'après le récit que je lui fis, d'un procès de la part de Pommereuil le survivant, dirigé sur moi en audience que le faux déshonore , que le vrai fait trembler , que Monsieur Lambert vit bien le sens du procès, dont il qualifia les auteurs de c....., en cela, d'accord avec moi.

Monsieur Lambert eut même la complaisance de me donner un avis sur l'idée que j'avais d'aller chez un notaire pour faire faire un certificat d'existence qui m'autorisât à me faire payer mes arréages d'une rente viagère échus; Monsieur Lambert me dit que la mairie me ferait cet acte sans qu'il m'en coûte aussi cher que chez un notaire; je suivis son conseil; je fus à la mairie du onzième arrondissement où je priai Monsieur le Secrétaire, dont le physique annonce assez la citoyenneté, de m'écrire cette pièce de nécessité, il n'y eut que la parole; de six en six mois j'y allais, il me demandait à quel page de son registre il avait écrit Pommereuil; il ne me l'avait point dit; ce n'est point mon nom; j'avais raison de l'ignorer. Monsieur le Secrétaire me dit que la première page de son registre est celle qui a l'honneur d'en être décorée, qu'il en est ainsi. Le Ciel fécond en noms, a régénéré le père dans le fils qui n'était en lui, mais en la puissance comme dans le nom de l'ennemi.

L'événement de 1840, dix-huit-cent-quarante, régénérateur de l'Empereur de France en la personne de son fils, qui n'avait jusqu'alors la jouissance de la vie que dans les rapports d'un arbre qui rappelé chaque année, par le soleil ce grand chef-d'œuvre du créateur, à donner les signes de sa vie végétative; l'arbre n'est que l'accessoire de la nature dont le soleil est l'âme vivifiante; maintenant, Français, si vous ne m'avez pas compris, si je ne suis pas à vos yeux Napoléon II, fils de votre Empereur, je veux que tous les rochers de la terre m'écrasent à vos pieds, pour faire entendre que qui peut le plus par soi, doit attirer à soi la majorité en nombre, que faire devant cette Déesse de la liberté que de lui céder le pas sans fierté, pour éviter la guerre civile et désabuser une nation en dissipant à certains leurs rêveries d'opinion et de règne sur des familles que n'a jamais créées la République.

Combien n'est-il pas admirable, de la part d'une nation, de se voir capable de porter ses armes chez les étrangers, en comparaison de la lassitude d'une troupe qui manœuvre toujours sur la défensive, une armée privée d'un guide dont la tactique militaire avance sur les autres états d'un pied assez ferme pour leur rappeler ces grands maîtres de la terre, qui pendant un moment se sont étendus en puissance, comme l'arc-en-ciel qui du haut des nues se déploie vers la terre, partie en Asie, partie en Afrique, comme pour dire autant d'étendue j'embrasse, autant est sous ma domination; avoir un pied en Europe et l'autre dans sa patrie, c'est-être né aussi grand que le jour qui luit en France comme en Autriche.

Donner l'élan à une nation brave, lui tracer la route qui l'arrache du fumier de l'oisiveté, et brise chez elle la barrière de l'insomnie, indisposition de l'esprit qui provient de ce que le corps n'a point assez de circulation pour arriver à la fatigue qui fait goûter le repos si délicieux.

L'héroïsme aura de minces résultats, malgré toute son audace, partout où les inspirations martiales d'une seule tête ne seront pas fécondées par des milliers de bras (T.-Lafosse). L'échet du 27 juin 1848, tombe dans ce sens, si à Versailles, qui n'est pas purgée des opinions de l'anthropophage, qui voulait manger la substance du peuple, s'il n'en était pas venu aux armes en février; si j'avais eu le secours de cent citoyens, le sabre à la main, j'allais réduire la ville sous ma puissance, sans permettre aux miens de tirer un seul coup de fusil sur mes adversaires, en moins d'un clin d'œil par la baïonnette, j'allais leur faire voir qu'en faits d'armes, on peut les compter comme zéro en chiffre, croisant la baïonnette sur ceux qui ne voudraient pas reconnaître ma puissance, ensuite, les conduire en prison assez de temps pour revenir à soi et trouver les moyens de prouver que le pouvoir peut-être mieux placé dans une autre main.

Qu'il me tarde de voir des Français pensant pour leur patrie et assez libres pour pouvoir dire ce qu'ils pensent du sort de la France; combien il sera agréable alors, de voir ces supposés grands hommes, comme on dit du nom de quelqu'un qui n'est pas le sien, déchus de leur grandeur qu'ils avaient cru voir en eux, voyant quelqu'un signalé de tous les traits du génie ; leur sot orgueil piqué de l'envie les figurait plus grands, semblables à des crapauds qui se dressent sur leurs hideux membres, en langue paysanne, se bondir.

On dit : Il est mort l'enfant de l'Empereur. D'où vient ce dire ? de ses ennemis qui ont intérêt à ce qu'il ne soit plus. Celui qu'on dit mort en 1830 ou 40 est un individu tout-à-fait étranger à Napoléon ; c'est un faux forgé par l'or des Bourbons ; il faut entendre par l'or, des individus payés pour répandre dans le monde la mort à vie du fils de Napoléon, tandis que le véritable est moi, auteur de mon histoire, exilé enfant à Courteille, près Fougères, commune de la Selle-en-Luitré, où le maire de l'époque, porteur d'un nom de chose, Chapeau, aidé de Pommereuil, aussi nom de chose, Pomme, me signalèrent du nom de cette chose, et Bourbon trompa les Français par le nom de chose qui désarmait le Napoléon-Rome de lui-même ; mais 1840, plus fort que toutes les choses, rendit chacun à soi-même par l'effervescence d'un sang de diadème. En voilà assez pour convaincre qu'il n'est pas chouan ; qu'un homme ne peut être changé de sa substance dans une autre, aux dires des ennemis les plus acharnés ; qui poursuit ses ennemis par de telles armes, un faux, peut s'attendre à être vaincu.

Je vais terminer mon histoire que j'ai écrite pour me faire connaître du peuple français, qui verra en moi un débris de Waterloo, dont le bras peut encore beaucoup pour la France ; c'est alors, Français, si profondément pénétrés de la réputation de mon père, que vous trouverez extraordinaire de voir l'histoire du fils.

Napoléon vivant, ce que l'on ne pourrait pas croire, si l'on n'avait pas reçu une bonne éducation qui nous a appris la puissance de l'être suprême, ce que le monde croit perdu sans ressource ; si c'est dans les mains de Dieu, le retour en est assuré ; croire Dieu tout-puissant, pouvant sauver d'un péril éminent une créature qu'il fait naître pour la France, est le signale de l'héroïsme de la nation française, et secouer le joug de tout ce qu'il y a de plus chouan en France, et se préparer à faire voir à l'étranger ; ce sont les Français sur le champ de bataille.

Je finis, Français, en vous priant de m'aider à faire connaître à toute la France les conséquences de mon nom ; je désire être aussi près de votre bienveillance que j'étais près dimanche 3 septembre 1848, d'un citoyen auprès de la barrière qu'on appelle Marie ; il parlait du terrain qui est au-dessous de cette barrière, il disait que Napoléon avait résolu d'y fixer la demeure de son fils, moi, lui. Je passai près du brave citoyen qui prononçait fils de Napoléon ou Roi de Rome ; j'eus envie de dire au brave citoyen : c'est moi ! mais encore, je sentais les fers qui m'ont arraché à ma patrie depuis tant d'années ; Je me déterminai à attendre, pour parler, une autre occasion.

Fait à Paris, depuis le 22 août jusqu'au 7 septembre 1848 ; écrit sur le seuil de la patrie, mère de la liberté ; ainsi le veut la loi sentie en législateur. M'arracher de ma maison, à ma patrie par une détention illégale, c'est un acte sanglant ; effectivement, le temps que j'ai été absent de chez moi, si j'y avais été, par les aliments, je me serais formé du sang : considération très grave.

Le Coq se compose de trois personnes :

La première est un borgne à qui il faut apprendre la République , attendu qu'il a fait en ma présence une faute monstrueuse, en citant le nom de Procureur qu'il n'a pu séparer du mot Roi ; s'est repris plus tard ;

La seconde est un individu sans jugement, mais dont la pensée est rapide , elle part de son cerveau comme le glaive de la guillotine, lancé du haut de son toit sanglant sur..... Il exécuta la raison par le seul fait despotique de sa volonté,

La troisième doit être poussée par un huissier de la cour suprême de Paris, pour lui faire connaître les attributs de la justice : la balance et le glaive.

J'allai à Paris sous la responsabilité du passe-port d'un maire meunier d'où il tombera le coquin.... le Coq sous la roue du moulin.

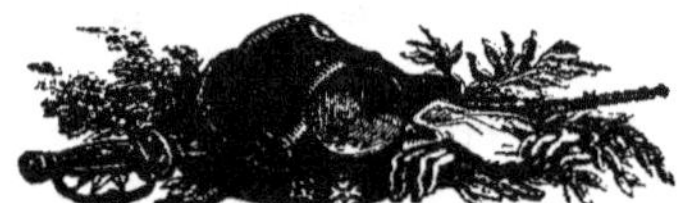

Paris, Imp. Pollet et Cⁱᵉ, rue St-Denis, 380.

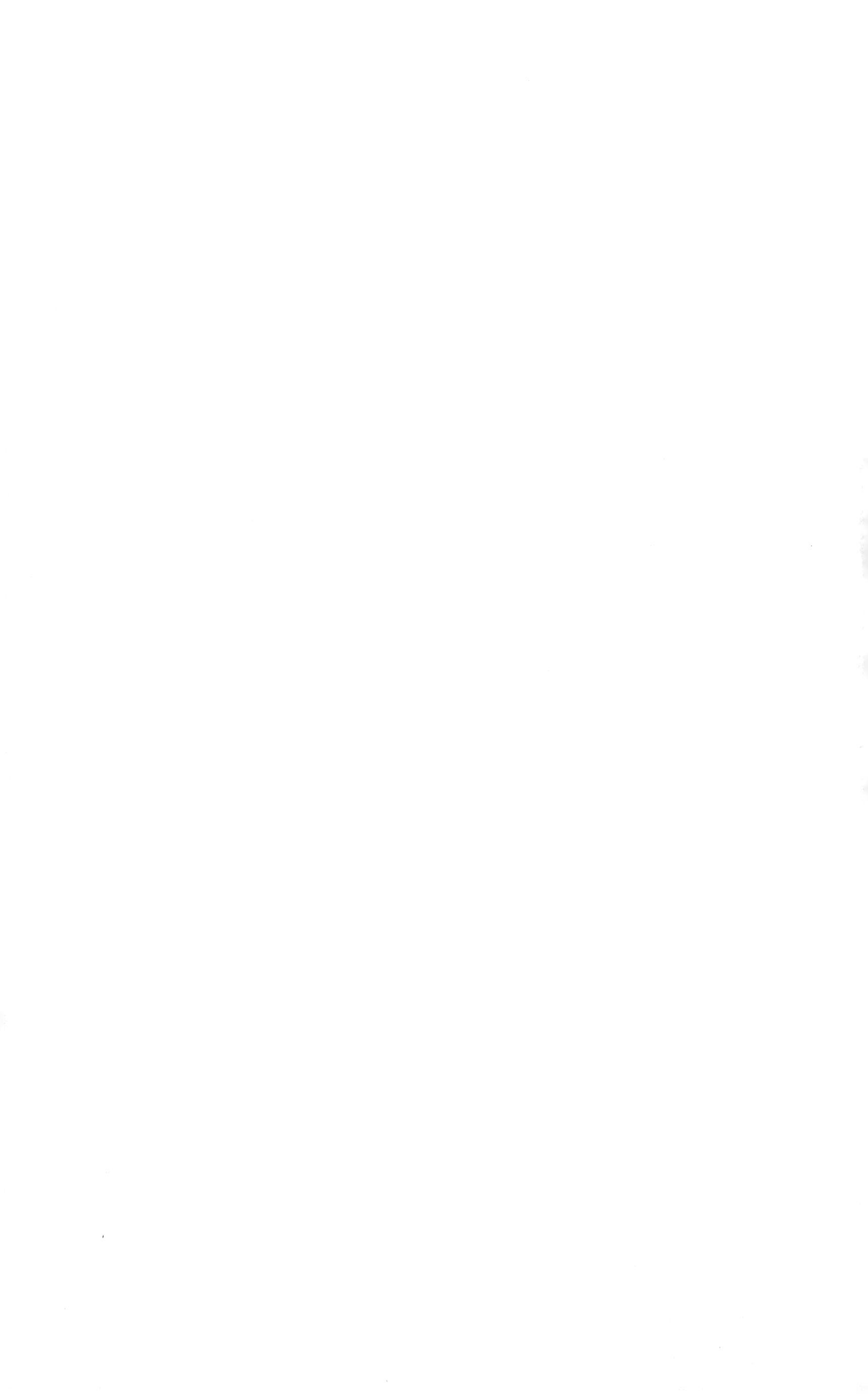

www.ingramcontent.com/pod-product-compliance
Lightning Source LLC
LaVergne TN
LVHW051346200726
843510LV00002B/851